孔子学院总部/国家汉办
Confucius Institute Headquarters(Hanban)

好朋友 Friends 汉语分级读物 Chinese Graded Readers

The Small Island Facing the Sea

面朝大海的小岛

For Adults
Level 6
六级

孔子学院总部 / 国家汉办 编

北京语言大学出版社
BEIJING LANGUAGE AND CULTURE UNIVERSITY PRESS

图书在版编目（CIP）数据

面朝大海的小岛 / 孔子学院总部 / 国家汉办编 . —北京：北京语言大学出版社，2015.6
（好朋友：汉语分级读物 . 六级）
ISBN 978-7-5619-4191-1

Ⅰ. ①面… Ⅱ. ①孔… Ⅲ. ①汉语—对外汉语教学—语言读物 Ⅳ . ① H195.5

中国版本图书馆 CIP 数据核字（2015）第 127215 号

书　　名：面朝大海的小岛
MIAN CHAO DAHAI DE XIAO DAO
责任印制：姜正周　　练习编写：倪佳倩
英文翻译：孙齐圣　　插图绘制：孙　屹

出版发行：北京语言大学出版社
社　　址：北京市海淀区学院路 15 号　**邮政编码**：100083
网　　址：www.blcup.com
电　　话：发行部　82303650 / 3591 / 3651
编辑部　82301016
读者服务部　82303653
网上订购电话　82303908
客户服务信箱　service@blcup.com
印　　刷：保定市中画美凯印刷有限公司
经　　销：全国新华书店

版　　次：2015 年 6 月第 1 版　　2015 年 6 月第 1 次印刷
开　　本：889 毫米 × 1194 毫米　1/32　**印张**：2.25
字　　数：27 千字
书　　号：ISBN 978-7-5619-4191-1 / H · 15090
03500

致读者

亲爱的朋友：

你好！

“好朋友——汉语分级读物”是我们为广大汉语学习者奉上的一份礼物，在这里，你可以用汉语读到自己熟悉的文化，你可以根据自己的汉语水平选择难度级别合适的读物，你还可以随时随地听读这些故事，汉语学习在这里变得亲切、简单、有效。

多元文化：这套读物的原始素材主要来自国家汉办举办的首届“孔子学院杯”国际汉语教学写作大赛的获奖作品，我们挑选了来自 40 个国家的作品，当你读到自己熟悉的文化，是不是觉得更加亲切呢？除此之外，你还可以用汉语了解其他 39 个国家的见闻，这是多么有意思的事情啊！

分级阅读：这套读物共 6 个级别，语言难度和词汇量分别对应新汉语水平考试（新 HSK）1-6 级。你可以根据自己的汉语水平选择难度级别合适的读物。

随时听读：这套读物配有录音 MP3 和可供免费下载的音频文件，让你有效利用碎片时间，随时随地听读有趣的故事，让阅读的乐趣无处不在。

感谢孔子学院总部暨国家汉办的大力支持和帮助，使得这套读物顺利出版。

编者

To Our Readers

Dear friends,

Friends—Chinese Graded Readers is a gift for Chinese learners, where you can read familiar culture in Chinese, choose the appropriate reading materials of different levels according to your language proficiency, and listen to and read these stories anytime and anywhere. In these books, learning Chinese becomes habitual, simple, and effective.

Multicultural: The raw materials of these readers mainly come from the award-winning works in the First "Confucius Institute Cup" International Chinese Language Teaching and Writing Contest held by Hanban. Works from 40 countries are included in these books. Won't you have a more cordial feeling when reading about the culture you are familiar with? In addition, you can read about the experiences in 39 other countries in Chinese, which will also be a fun learning experience.

Graded Reading: The series of readers consists of six levels with their grammar and vocabulary corresponding to Levels 1–6 in the New HSK Syllabus. You can choose books of a certain degree of difficulty according to your own level of Chinese proficiency.

Listen and Read Anytime: Each reader comes along with an MP3 CD as well as online audio files for free downloading, enabling readers to make use of fragments of time to listen to and read interesting stories, thus making the fun of reading everywhere.

We hereby would like to extend our gratitude to the Confucius Institute Headquarters (Hanban) for the great support and help we are given to successfully publish this series of readers.

The Compilers

语法术语缩略形式表
Abbreviations for Grammatical Terms

英文缩写 Abbreviations	英文全称 Grammatical Terms in English	中文名称 Grammatical Terms in Chinese
n.	noun	名词
p. n.	proper noun	专有名词
v.	verb	动词
adj.	adjective	形容词
num.	numeral	数词
m.	measure word	量词
pron.	pronoun	代词
adv.	adverb	副词
prep.	preposition	介词
conj.	conjunction	连词
part.	particle	助词
int.	interjection	叹词
ono.	onomatopoeic word	拟声词

目录

快乐的丹麦人 2
Happy Danes

中韩不同的饮食文化 10
The Different Dietary Culture of China and South Korea

我的老家 16
My Hometown

马达加斯加的动植物 21
Animals and Plants in Madagascar

我们的公主 28
Our Princess

捷克的符号——鸡排 34
The Symbol of Czech—Chicken Chops

我们的"裸婚时代" 40
The Age of "Naked Wedding"

一片彩色的家园 47
A Colorful Homeland

马黛茶 53
Yerba Mate

面朝大海的小岛 58
The Small Island Facing the Sea

快乐的丹麦人[1]

Happy Danes

Jimmy Faustin Andersen（吉米）
丹麦哥本哈根商务孔子学院

目前的经济危机对丹麦有什么影响？
How does the present economic crisis affect Denmark?

01

为什么丹麦人是世界上最快乐的人呢？是因为我们拥有良好的环境、世界一流的饭店？还是我们丹麦人独特的性格？

老实说我不是很清楚，但是我觉得富裕是个很重要的因素。丹麦是一个十分有钱的国家，拥有完善的社会保障体系，任何人都可以通过政府得到免

1. 丹麦人 dānmàirén n. Dane
丹麦 Dānmài p.n. Denmark

费的教育和医疗[2]保障。而且丹麦的治安也很好，夜里在路上走我们也不怕。同时丹麦在很长时间内保持政治稳定，腐败率也很低。

就业率是另一个很重要的因素。丹麦的就业情况很稳定，毕业生们很容易找到工作，即使那些没有接受过高等教育的人也可以养家糊口[3]，甚至有机会成为公司的高管[4]。

在丹麦男女平等，女人可以得到和男人同样[5]的工作机会。丹麦人很注重他们的家庭生活，比如他们会坚持和家人一起吃晚饭。而且丹麦实行

2. 医疗 yīliáo v. medical care

3. 养家糊口 yǎngjiā-húkǒu to support a family

4. 高管 gāoguǎn n. high official

5. 同样 tóngyàng adj. same

三十七小时工作制，这也鼓励了丹麦人花更多时间和他们的家人在一起，所以丹麦人都能感受家的温暖。

丹麦有很多好的方面，但是我没说她是一个完美的地方。目前的经济危机当然也影响了丹麦，失业率比以前高了，毕业生找工作也比以前难了。

那么对我个人来说，什么让我快乐呢？

幸福的童年是我快乐的根源。我小的时候没有很多成长的压力，有很多玩的时间，学习的压力不大，因为大多数的丹麦父母会告诉他们的孩子：

你自己选择自己的生活，快乐才是最重要的。现在我有了一个女儿，我当然希望她长大后飞黄腾达[6]，成为丹麦的总理自然更好，但快乐才是最重要的。这是因为我知道丹麦社会人人都能得到平等的待遇，即使她不能飞黄腾达，也可以保障未来。

丹麦人口不多，只有五百

6. 飞黄腾达
fēihuáng-téngdá
to be successful in one's official career

多万，但是丹麦人一起构建[7]了一个富裕、安全、平等的社会，换句话说团结就是力量，这就是丹麦人快乐的重要原因。

7. 构建 gòujiàn v. to establish

练习 Exercises

一 选出正确答案。Choose the right answer.

幸福的童年是快乐的__1__。小的时候不要有很多成长的__2__，快乐才是重要的。丹麦社会人人都能得到平等的__3__，__4__不能飞黄腾达，也可以__5__未来。

1. A. 根源　B. 原来　C. 起源　D. 起初
2. A. 动力　B. 压力　C. 力量　D. 力气
3. A. 待遇　B. 对待　C. 相遇　D. 处遇
4. A. 即使　B. 根本　C. 因为　D. 无论
5. A. 保护　B. 保障　C. 负责　D. 承担

二 选出正确答案。Choose the right answer.

1. 下面哪项不是丹麦人快乐的原因？（　　）

　A. 拥有良好的环境　B. 学历高

　C. 就业稳定　D. 富裕

2. 关于丹麦下面哪项说法不正确？（　　）

A. 丹麦人都可以接受高等教育

B. 丹麦人可以得到免费的教育

C. 丹麦的治安很好

D. 丹麦政治稳定

3. 关于丹麦就业情况下面哪项说法不正确？（　　）

A. 就业情况很稳定

B. 毕业生们很容易找到工作

C. 没有受到高等教育的人找不到工作

D. 女人和男人拥有同样的机会

4. 下面哪项不是经济危机给丹麦带来的影响？（　　）

A. 失业率比以前高了

B. 毕业生很难找到工作了

C. 丹麦人越来越担心将来了

D. 越来越理想了

5. 下面哪项说法不正确？（　　）

A. 丹麦孩子压力不大

B. 丹麦是一个很有钱的国家

C. 丹麦实行三十六小时工作制

D. 丹麦人很注重家庭生活

三 说说你觉得什么样的生活才是幸福快乐的。
Talk about your idea of a happy life.

中韩[1]不同的饮食文化

The Different Dietary Culture of China and South Korea

李雨蓝　韩国东西大学孔子学院

文中介绍了中韩饮食哪几个方面的不同？
What differences in diet between China and South Korea are introduced in the article?

02

我来自韩国，在中国留学已经有八个月了。我刚来中国的时候，什么都不太习惯，特别是饮食方面。这是因为每个国家都有自己的饮食文化，而且每个国家的饮食文化都不尽相同。中韩两国饮食文化的相似和不同，给我留下了很深的印象。

1. 韩 Hán p.n. South Korea

关于餐桌礼仪[2]。在韩国，餐桌礼仪十分重要，比如吃饭的时候长辈要先吃，然后晚辈[3]才能吃；跟长辈一起吃饭，不能拿起碗来吃；等等。中国也非常讲究饮食礼仪，而且和韩国有很多相似的要求。另外中国人招待客人的时候，要先判断饭菜的量，准备得多才让人感觉招待得好，这说明中国人大方、朴实、热情。

关于饮食习惯。中韩两国对主食[4]的概念不一样。中国的主食一般是米饭或者面条这些用谷物[5]做成的食物，菜是肉、蔬菜等。主食和菜是相对

2. 礼仪 lǐyí n. etiquette

3. 晚辈 wǎnbèi n. the younger generation

4. 主食 zhǔshí n. staple food

5. 谷物 gǔwù n. cereal

独立的。中国人先吃菜，然后再吃米饭或者面条等主食。韩国人的主食跟小菜要一起吃。另外，中韩喝酒的场所也很不同。韩国人喜欢吃完饭后再去酒吧喝酒，中国人吃饭和喝酒在一个地方。

关于饮食和文化。韩国人吃饭的时候，即使是冬天也会喝凉水。可以说是因为韩国人的性格火热[6]，需要凉水；也可以说是因为韩国人比较忙。许多人说韩国食物不够丰富，但是我觉得韩国人讲究综合的味道。比如，把菜和肉包在一起，

6. 火热 huǒrè adj. fiery

饭和菜包在一起，各种味道在嘴里混合，会变成一种新的美味。可以说，韩国文化喜欢把不一样的东西综合在一起。中国的语言和饮食有着密切的联系，比如吃醋[7]、炒鱿鱼[8]等。所以，我觉得饮食文化在中国文化中是很重要的一部分。

7. 吃醋 chīcù v. to get jealous

8. 炒鱿鱼 chǎoyóuyú v. to fire (sb.)

练习 Exercises

一 选出正确答案。Choose the right answer.

中国人__1__客人的时候，要先__2__饭菜的量，__3__的多才给人感觉招待得好，这__4__中国人__5__、朴实、热情。

1. A. 招待　B. 接待　C. 对付　D. 应付
2. A. 决定　B. 判断　C. 范畴　D. 分明
3. A. 赋予　B. 给予　C. 供应　D. 准备
4. A. 说明　B. 汇报　C. 见闻　D. 觉悟
5. A. 节约　B. 节制　C. 大方　D. 教养

二 选出正确答案。Choose the right answer.

1. 关于餐桌礼仪下面哪项不正确？（　　）

   A. 在韩国，吃饭的时候要长辈先吃

   B. 在韩国，和长辈一起吃饭不能拿起碗

   C. 中国和韩国有很多相似的餐桌礼仪

   D. 中国人吃饭时不能拿起碗

2. 关于饮食习惯下面哪项不正确？（　　）

A. 中韩两国对主食的概念一样

B. 中国的主食通常是米饭或面条

C. 中国人喜欢先吃菜再吃米饭

D. 中国人吃饭和喝酒在一个地方

3. 关于饮食和文化下面哪项不正确？（　　）

A. 韩国人吃饭的时候喝凉水

B. 韩国人喝凉水是因为忙

C. 韩国饮食不讲究味道

D. 韩国饮食喜欢综合不同的味道

4. 下面哪个俗语与饮食无关？（　　）

A. 吃醋　　B. 炒鱿鱼

C. 半瓶醋　　D. 丢三落四

5. 下面哪项说法正确？（　　）

A. “我”到中国八年了

B. 每个国家的饮食文化都完全不同

C. 饮食与文化有关

D. “我”对中国饮食文化印象很深

三 介绍一下你们国家的餐桌礼仪和饮食习惯。

Introduce the table manners and dietary habits in your country.

我的老家[1]

My Hometown

惠特尼　美国长老会学院孔子学院

小镇的人们关系怎么样？
How do people in the small town get along with each other?

03

我的老家在美国[2]的一个小镇。我在那儿生活了十六年。

小镇很小，只有八百多人，大家都互相认识。我们没有秘密。去理发，去餐厅吃饭，去加油站加油，都能听到最新的小道消息[3]。有的时候我老家的人很亲切，有的时候很冷淡。这是因为我们北方人爱说实话，好就是好，不好就是不好。

1. 老家 lǎojiā n. hometown

2. 美国 Měiguó p.n. the United States of America

3. 小道消息 xiǎodào xiāoxi hearsay

小镇的土地很肥沃，种满庄稼。秋天的时候，田野金灿灿[4]的。要是你看见那里的田野，你立刻就会明白耶稣基督[5]的话："举目[6]向田看，庄稼已经熟了，可以收割[7]了。"

小镇的土地很平，天空的云像山一样。风雨欲[8]来，你可以看到这座山连着那座山。天

4. 金灿灿 jīncàncàn adj. golden

5. 耶稣基督 Yēsūjīdū p. n. Jesus Christ

6. 举目 jǔmù v. to raise one's eyes

7. 收割 shōugē v. to reap

8. 欲 yù adv. about to, on the point of

晴了，天空蔚蓝，万里浮云[9]。

我在很多地方住过，但是我最爱这个小镇。

9. 浮云 fúyún n. floating cloud

练习 Exercises

一 选出正确答案。Choose the right answer.

小镇的土地很__1__，__2__满了庄稼。秋天的时候，田野金灿灿的。天空的云__3__山一样。风雨欲来，你可以看到这座山__4__着那座山。天晴了，天空__5__，万里浮云。

1. A. 肥胖　B. 肥沃　C. 饱和　D. 薄弱
2. A. 种　B. 织　C. 挤　D. 拨
3. A. 向　B. 似　C. 像　D. 似乎
4. A. 串　B. 连　C. 并列　D. 联合
5. A. 蔚蓝　B. 蓝色　C. 浅蓝　D. 深蓝

二 选出正确答案。Choose the right answer.

1. “老家”是什么意思？（　　）

   A. 国家　B. 城市　C. 家乡　D. 家人

2. 为什么小镇的人没有秘密？（　　）

   A. 大家都认识　B. 镇子的通讯技术好

   C. 人们很冷淡　D. 人们爱说实话

3. 为什么“有的时候我老家的人很亲切，有的时候很冷淡”？（　　）

A. 因为北方人说话很实在

B. 因为我们不热情

C. 因为我们脾气不好

D. 因为我们心情不好

4. 下面哪项不是小镇的特点？（　　）

A. 面积很小　　B. 土地很平

C. 土地很肥沃　　D. 经济很发达

5. “我”对小镇的感情怎么样？（　　）

A. 很深　　B. 无所谓　　C. 很奇怪　　D. 很复杂

三 说说你和家人的性格特点。

Talk about the character traits of you and your family members.

马达加斯加[1]的动植物

Animals and Plants in Madagascar

吴妮 马达加斯加塔那那利佛大学孔子学院

马达加斯加有哪些有名的植物？
What famous plants are there in Madagascar?

04

我的祖国是美丽的马达加斯加，是个岛国[2]。这里的经济不是很发达，人们生活条件不是很好，可是这里资源丰富，风景迷人，而且有一些特有[3]的植物和动物。

马达加斯加最有名的植物是猴面包树。这种树只有在干燥的地方才能生存，主要生长在马达加斯加的南部，因为那

1. 马达加斯加 Mădájiāsījiā p.n. Madagascar

2. 岛国 dǎoguó n. island country

3. 特有 tèyǒu adj. peculiar

儿很少下雨。猴面包树的形状像个瓶子，从上到下越来越大，越来越粗，一般能长到二十五米左右，直径能达到十二米，寿命一般在一千到两千年。猴面包树的果子非常大，好像足球一样，甜甜的，是猴子等动物最喜欢的食物。在马达加斯加的西部有一个著名的旅游景点[4]，那就是猴面包树大道，那里长满了有着八百多年树龄的猴面包树，非常漂亮。

在马达加斯加还有一种植物叫旅人蕉[5]，这种植物和猴面包树正好相反，它需要很多的水才能生存，所以在马达加斯

4. 景点 jǐngdiǎn n. scenic spot

5. 旅人蕉 lǚrénjiāo n. traveller's tree

加岛的东边特别多。它的形状像香蕉树，一般高度[6]在十二米左右，叶子很大，一般有三四米。这种植物的干和它的叶子一样是绿色的，而且一年四季都不会变。旅人蕉是马达加斯加的国树。马达加斯加的人们很喜欢这种树。

还有一种树叫马达加斯加树，这种树的叶子很特别，如果你把叶子折叠[7]起来，它的形状就好像马达加斯加岛的形状。这种树在马达加斯加很多，在我们学校的门口就种了一棵漂亮的马达加斯加树。

马达加斯加最有名的动物

6. 高度 gāodù n. height

7. 折叠 zhédié v. to fold

是狐猴[8]。这种动物有两个种类，昼出的和夜出的。昼出的狐猴比夜出的大。狐猴只有在马达加斯加才能看到，动画片《马达加斯加》里也有。

马达加斯加岛的乌龟[9]也是很有名的，这里有世界上最大的乌龟。

我的国家马达加斯加是一

8. 狐猴 húhóu n. lemur

9. 乌龟 wūguī n. tortoise

个漂亮的地方，这里不仅有很多特别的动植物，这里的人们也非常地朴实、好客，欢迎大家以后有机会来这里旅行。

练习 Exercises

一 选出正确答案。Choose the right answer.

“我”的__1__是美丽的马达加斯加，这里的经济不是很__2__，人们生活__3__不是很好，可是这里资源__4__，风景__5__。

1. A. 祖国　B. 城市　C. 国际　D. 国籍
2. A. 动荡　B. 发达　C. 创新　D. 递增
3. A. 福利　B. 风光　C. 方面　D. 条件
4. A. 丰富　B. 富裕　C. 高涨　D. 广阔
5. A. 迷人　B. 光彩　C. 豪迈　D. 宏伟

二 选出正确答案。Choose the right answer.

1. 猴面包树主要生长在马达加斯加什么地方？（　　）

   A. 东部　B. 南部　C. 西部　D. 北部

2. 关于猴面包树下面哪项说法不正确？（　　）

   A. 形状像瓶子　B. 需要很多水

   C. 寿命很长　D. 果子很大

3. 关于旅人蕉下面哪项说法正确？（　　）

A. 生长在马达加斯加南部

B. 不太像香蕉树

C. 高度能达到三四米

D. 叶子和干都是绿色的

4. 关于狐猴下面哪项说法不正确？（　　）

A. 只生活在马达加斯加

B. 是马达加斯加最有名的动物

C. 昼出的比夜出的大

D. 喜欢吃猴面包树

5. 关于马达加斯加的天气下面哪项说法正确？（　　）

A. 东部很少下雨　　B. 南部很少下雨

C. 西部很少下雨　　D. 北部很少下雨

三 说说你们国家特殊的动物和植物。

Talk about the special animals and plants in your country.

我们的公主

Our Princess

陈如芳　泰国孔敬大学孔子学院

泰国的“巡回医疗队”项目是做什么的?
What is the “mobile medical team” in Thailand for?

05

我很小的时候就知道，我们的国王很了不起。国王身边有一位可敬[1]的女士，她走路、工作的样子非常像我们的国王。她和国王、王后一起到泰国[2]各地巡视[3]，无论刮风还是下雨她都不怕，一直站在国王的旁边，辛勤地帮国王工作。我的父亲告诉我：“这位女士就是我们泰国最敬爱[4]的诗琳通[5]公主。”

1. 可敬 kějìng adj. respectable
2. 泰国 Tàiguó p.n. Thailand
3. 巡视 xúnshì v. to make an inspection tour
4. 敬爱 jìng'ài v. to esteem, to respect and love
5. 诗琳通 Shīlíntōng p.n. Sirindhorn

我中学时在诗琳通学校读书，我们学校的名字是国王于一九六三年恩赐[6]的。在学校的每个教室里都挂着公主的照片。老师们也经常对我们说，公主为泰国做了很多贡献，很累、很辛苦，但是公主的脸上却看不出一点儿疲惫。我们那时候就想长大以后一定要像公主那样勤劳、努力、认真地工作。

公主成立了很多“诗琳通公主计划项目”。比如“巡回[7]医疗[8]队”项目，为贫困人民提供更好的医疗条件；比如“流动[9]图书馆”项目，让没有机会读书的人能有机会读到想

6. 恩赐 ēncì v. to bestow

7. 巡回 xúnhuí v. to tour, to make a circuit of

8. 医疗 yīliáo v. medical treatment

9. 流动 liúdòng v. mobile

读的书。这些项目对泰国人的生活有很大的帮助，而这只是“诗琳通公主计划项目”的一小部分。

诗琳通公主的语言能力也很突出，她会说英语[10]、法语[11]和汉语。公主还是一位泰国音乐的专家，各种泰国乐器她都会，还写了许多歌曲和书。公主也很重视泰国的传统文化，她告诉我们不要忘掉这些宝贵的文化。

把全世界所有的水当作墨水，把广阔的天空当作纸张，也不能写尽泰国人民对诗琳通公主的感谢。出生在泰国是我

10. 英语 Yīngyǔ p. n. English

11. 法语 Fǎyǔ p. n. French

最幸运的事情，但是比这更幸运的是，有一位热心、可敬、为泰国勤奋工作的公主。

练习 Exercises

一 选出正确答案。Choose the right answer.

公主很__1__，但脸上却看不出一点儿__2__。我们长大以后一定要像公主那样__3__、努力地工作。把世界上所有的水__4__墨水，把__5__的天空当作纸张，也不能写尽我们对公主的感谢。

1.A. 疲惫 B. 疲倦 C. 辛苦 D. 勤劳

2.A. 疲惫 B. 偏见 C. 紧迫 D. 惊讶

3.A. 敬业 B. 勤劳 C. 开朗 D. 倔强

4.A. 当作 B. 开采 C. 冒充 D. 扮演

5.A. 深沉 B. 疏远 C. 广阔 D. 飘扬

二 选出正确答案。Choose the right answer.

1. “我”是如何知道诗琳通公主的？（　　）

A. 在学校里认识的

B. 老师介绍的

C. 公主到“我”的家乡巡视

D. 公主总在国王和王后身边

2. 谁为“我”的中学取名“诗琳通”？（　　）

A. 国王　　B. 公主　　C. 王后　　D. 老师

3. 下面哪项不是泰国人很敬爱诗琳通公主的原因？（　　）

A. 她为人民做了很多好事

B. 她成立了很多项目

C. 她为国家做了很多贡献

D. 她很疲惫

4. 诗琳通公主会几种语言？（　　）

A. 一种　　B. 两种　　C. 三种　　D. 四种

5. 关于诗琳通公主下面哪项说法不正确？（　　）

A. 写过书和歌曲

B. 很累、很辛苦

C. 看起来很疲劳

D. 很重视泰国传统文化

三 介绍一位你尊敬或崇拜的人。

Introduce a person you respect or admire.

捷克[1]的符号——鸡排[2]

The Symbol of Czech—Chicken Chops

Tereza Motalová　捷克帕拉斯基大学孔子学院

捷克鸡排是怎么做的？
How are Czech chicken chops made?

06

今年，我们一家人去度假[3]。我们整天都在海里游泳或在海边晒太阳。中午的时候我们都饿了。妈妈带了很多吃的，她给每个人准备了一个盒饭[4]。我很饿，立刻就打开了盒饭，瞬间就闻到了我最喜欢的鸡排的味道。

我全身心[5]地享受着鸡排，没有注意周围的情况。“你是从

1. 捷克 Jiékè p.n. Czech Republic
2. 鸡排 jīpái n. chicken chop
3. 度假 dùjià v. to spend one's vacation
4. 盒饭 héfàn n. box lunch
5. 身心 shēnxīn n. mind and body

捷克来的吧？”突然有一个当地人问我，“你们一定是捷克人。这里的捷克人很多，他们都吃鸡排。”他笑着走了。

鸡排的确很受捷克人的喜爱[6]。我们把鸡肉切成片，在肉片上裹上面粉[7]、鸡蛋和面包屑，然后在油锅里炸。虽然过程很简单，但是味道非常好，捷克人几乎每个星期都吃鸡排。可是这么好吃的菜一个星期一顿是不够的，所以捷克人无论在国内还是去国外旅游，都带着鸡排。坐在海边，吃着鸡排。啊，太享受了。

捷克人的这种风俗已经有

6. 喜爱 xǐ'ài v.
to love

7. 面粉 miànfěn n.
flour

很长时间了。我们甚至把吃鸡排的传统分成了三个时期。第一个时期的特点是用餐巾纸[8]把鸡排和面包包起来，第二个时期用锡纸[9]包裹鸡排，现在我们在第三个时期——用保鲜纸[10]包裹。

所以我们捷克人出门旅行，不用举捷克国旗[11]，也不用在

8. 餐巾纸 cānjīnzhǐ n. paper napkin

9. 锡纸 xīzhǐ n. tinfoil

10. 保鲜纸 bǎoxiānzhǐ n. preservative paper

11. 国旗 guóqí n. national flag

衣服上印“捷克”两个字，如果你看到手里拿着鸡排的人，那一定是从捷克来的。

练习 Exercises

一 选出正确答案。Choose the right answer.

把鸡肉__1__成片，在肉片上__2__上面粉、鸡蛋和面包屑，然后在锅里__3__。__4__简单，但是__5__很好。

1. A. 拨　B. 掰　C. 扒　D. 切
2. A. 抱　B. 裹　C. 憋　D. 搀
3. A. 炸　B. 熬　C. 蹦　D. 煮
4. A. 经过　B. 过程　C. 变迁　D. 转变
5. A. 口味　B. 风味　C. 味道　D. 滋味

二 选出正确答案。Choose the right answer.

1. 度假时我们整天都在做什么？（　　）

   A. 游泳或晒太阳　B. 游泳和吃鸡排

   C. 准备午饭　D. 做鸡排

2. 那个当地人为什么知道“我”是从捷克来的？（　　）

A.“我”举着捷克国旗

B.“我”衣服上有捷克国旗

C.“我”在吃鸡排

D.“我”介绍了自己

3. 关于鸡排和捷克的说法下面哪项不正确？（　　）

A. 鸡排是鸡肉做的

B. 鸡排制作过程简单

C. 捷克人只在旅游时吃鸡排

D. 捷克人每个星期都吃鸡排

4. 捷克人现在用什么包裹鸡排？（　　）

A. 餐巾纸　　B. 锡纸　　C. 保鲜纸　　D. 卫生纸

5. 下面哪项说法不正确？（　　）

A. 捷克鸡排有很长的传统

B. 捷克人包裹鸡排的方法分为三个时期

C. 捷克人喜欢在衣服上印国旗

D. 捷克人很容易被认出来

三 说说你们国家的符号。

Talk about the symbol of your country.

我们的"裸婚[1]时代"

The Age of "Naked Wedding"

Nermin Edward　埃及开罗大学孔子学院

《裸婚时代》讲的什么？
What is the TV show *Naked Wedding* about?

07

现在的年轻人要承受很多的压力。

比如学业的压力。现在埃及[2]的教育有很多问题——一些老师的水平不高、不懂现代教学[3]方法等等，父母们都有望子成龙[4]的强烈愿望，所以不得不把他们的孩子送进教学质量比较好的私立[5]学校学习。

还有工作压力。年轻人毕

1. 裸婚 luǒhūn naked wedding
2. 埃及 Āijí p.n. Egypt
3. 教学 jiàoxué n. teaching
4. 望子成龙 wàngzǐ-chénglóng to hope one's children will have a bright future
5. 私立 sīlì adj. private

业以后开始找工作，可是要找到合适的工作并不容易，而且工资非常少。毕业生数量很多，但是埃及的工作机会却少得可怜。工作压力应该是年轻人目前所面临的最大的压力。一方面，失业人群[6]的出现无形中[7]增加了他们的就业压力，另一方面，由于社会发展变化迅速，年轻人必须尽全力才能让自己不落后于时代。因此很多年轻人为了提高自己的能力，经常利用休息时间去参加各种业务培训，这样一面读书一面工作，影响了生活质量也增加了自身[8]的压力。

6. 人群 rénqún n.
crowd

7. 无形中
wúxíngzhōng adv.
virtually, imperceptibly

8. 自身 zìshēn n.
self

还有婚姻方面的压力。这种压力主要来自经济方面，工资太少，年轻人大部分没有房子，没有钱，这一点男青年的感觉尤其强烈。

最近我看了一部中国电视剧叫《裸婚时代》，这部电视剧让我想到很多。电视剧讲的是一个男青年没有钱、没有房子、没有车，爱上了一个女孩子却不敢去她家求婚[9]，因为他知道她的家人一定会反对，但是这对恋人[10]坚持在一起，男人没钱、没房子、没有稳定的工作，照样跟心爱的女人结婚并生了孩子。这就是“裸婚”。

9. 求婚 qiú hūn v. to make a proposal, to propose marriage

10. 恋人 liànrén n. lover

在埃及很少见到这样的事情，因为我们的社会相对保守。在婚姻方面女人很少做主，她有权力去爱某个人，但是她的家人更有权力决定接受还是不接受这个男人，他们可以以任何理由，比如经济原因而强迫他们分手。

无论在中国还是在埃及，年轻人都会面临来自社会、工作、家庭的各种压力，这才有了"裸婚"这个词。我觉得年轻人要自强[11]，要努力工作，要勇敢面对来自社会和家庭的不公平对待，像《裸婚时代》里的年轻人那样追求自己的幸

11. 自强 zìqiáng v. to improve oneself

福；另一方面，国家也要有所作为，比如提供更多的工作机会。

练习 Exercises

一 选出正确答案。Choose the right answer.

工作压力是年轻人目前所__1__的最大的压力。一方面，__2__人群的出现无形中增加了他们的__3__压力，另一方面，由于社会发展__4__，年轻人必须尽全力才能让自己不__5__于时代。

1. A. 遇见　B. 遭遇　C. 面对　D. 面临
2. A. 就业　B. 失业　C. 年轻　D. 大龄
3. A. 失业　B. 就业　C. 工作　D. 经济
4. A. 高级　B. 舒畅　C. 迅速　D. 跳跃
5. A. 拖延　B. 后退　C. 违背　D. 落后

二 选出正确答案。Choose the right answer.

1. 下面哪项不是现在埃及教育所面临的问题？(　　)

A. 一些老师水平不高

B. 一些老师不懂现代教学方法

C. 教学质量不是很好

D. 学费太高

2. 下面哪项说法不正确？（　　）

A. 年轻人比较容易找到工作

B. 埃及的工作机会很少

C. 工作压力是目前年轻人最大的压力

D. 一些年轻人一面读书一面工作

3. 婚姻方面的压力主要来自哪个方面？（　　）

A. 经济方面　　B. 政治方面

C. 家庭方面　　D. 文化方面

4. 在埃及，女人的婚姻一般由谁决定？（　　）

A. 女人自己　　B. 女人的家人

C. 男人的家人　　D. 家人和朋友

5. 关于埃及的年轻人下面哪项说法不正确？（　　）

A. 经常参加培训　　B. 大部分没有房子

C. 应该自强　　D. 学历都很高

三 你有压力吗？说说你的压力都来自哪些方面。

Do you have pressure? Talk about where your pressure comes from.

一片彩色[1]的家园[2]

A Colorful Homeland

Mah Yee Ling　马来西亚全球汉语中心

白天“我”喜欢在院子里做什么？
What do “I” love to do in the yard in the daytime?

08

我喜欢欢乐，我喜欢安静，我喜欢大自然，我喜欢听鸟儿歌唱，我喜欢看到它们自由地飞，我喜欢花草树木，我喜欢听到孩子们的笑声。这一切在我的家乡都可以实现！

这里没有高楼遮挡树木，没有黑烟污染蓝天，没有堵车，也没有人山人海[3]。这里只有大自然的一片彩色！我的家在

1. 彩色 cǎisè n. multicolor

2. 家园 jiāyuán n. homeland

3. 人山人海 rénshān-rénhǎi huge crowds of people

果林里，那里有一座座小木屋，屋里的家具全部是木头做的，而且是我们家自己种的树。木屋之间有一条条的小路，来去很方便，每家的屋子后面都有一大片果林。

我们家的果林里种了红毛丹[4]、香蕉、苹果、芒果[5]、木瓜[6]、榴梿[7]等各种水果。

我常常爬上红毛丹树采果子给大家尝。香蕉和木瓜熟了以后，我也会采下来，分给邻居们。榴梿熟的时候会自己从树上掉下来，不需要去采。但一定要小心，千万不要被榴梿砸到。

4. 红毛丹 hóngmáodān n. rambutan

5. 芒果 mángguǒ n. mango

6. 木瓜 mùguā n. papaya

7. 榴梿 liúlián n. durian

我家的屋前种着一大片茉莉花[8]，不时飘来阵阵清香[9]。院子里养着鸡、兔子，毛茸茸[10]的，一点儿也不怕人。我们还养了两只可爱的小狗，狗很通人性，我很喜欢它们。邻居的几只黑猫也常常跑过来。平常不能在一起玩的狗和猫，在这里也可以很好地相处，不会打架。

白天，我习惯在院子里晒太阳，我最喜欢懒洋洋[11]地躺在果树下闻着花草的香味，果树林就像一张隔热的大网，非常凉快。一阵风吹来，树枝、树叶跳起舞来，十分优美！

只有生活在这里才能欣赏

8. 茉莉花 mòlìhuā n. jasmine

9. 清香 qīngxiāng n. delicate fragrance

10. 毛茸茸 máoróngróng adj. hairy, downy

11. 懒洋洋 lǎnyángyáng adj. languid

到这么美丽的景色，才能吃到这么多新鲜的水果，才能享受大自然带来的美好[12]！

这就是我美丽的彩色家园。

12. 美好 měihǎo adj. wonderful

练习 Exercises

一 选出正确答案。Choose the right answer.

那里没有高楼 ___1___ 树木，没有空气 ___2___ ，只有大自然的一片彩色。一 ___3___ 风吹来，树枝、树叶跳起舞来，十分 ___4___ 。只有在“我”的家乡才能 ___5___ 大自然带来的美好！

1. A. 闭塞　B. 遮挡　C. 包围　D. 覆盖
2. A. 污染　B. 感染　C. 干净　D. 清澈
3. A. 阵　B. 场　C. 个　D. 股
4. A. 完美　B. 优美　C. 活泼　D. 安静
5. A. 感觉　B. 享受　C. 接受　D. 受到

二 选出正确答案。Choose the right answer.

1. 下面哪项说法不正确？（　　）

A.“我”喜欢安静

B.“我”喜欢大自然

C.“我”喜欢自由地飞

D.“我”喜欢听孩子们的笑声

2. 在“我”的家乡可以看到什么？（　　）

A. 高楼遮挡树木　　B. 被污染的蓝天

C. 堵车　　D. 大自然的美景

3. 下面哪种水果成熟的时候不需要采摘？（　　）

A. 香蕉　　B. 榴梿　　C. 红毛丹　　D. 木瓜

4.“我”家中没有养哪种动物？（　　）

A. 小鸡　　B. 小狗　　C. 小猫　　D. 兔子

5. 下面哪项说法不正确？（　　）

A.“我”家的家具都是用木头做的

B. 每家都种了水果

C. 要注意不要被榴梿砸到

D.“我”家的院子很热

三 说说你在日常生活中是怎样爱护环境的。

Talk about how you protect the environment in daily life.

马黛茶[1]

Yerba Mate

Daniele Munareto Rodrigues　巴西南大河州联邦大学孔子学院

高乔人怎么喝马黛茶？
How do gauchos drink Yerba Mate?

09

马黛茶是我家乡的一种特产[2]，跟中国的绿茶[3]一样，是绿色的。

长久[4]以来，家乡的人们发现一个保持健康的秘密——喝马黛茶。就像茶文化是中国传统文化的一部分一样，喝马黛茶也是这里的居民——高乔人[5]保留至今的文化传统。无论在家还是外出旅行，高乔人手里都

1. 马黛茶 mǎdàichá n. Yerba Mate
2. 特产 tèchǎn n. specialty
3. 绿茶 lǜchá n. green tea
4. 长久 chángjiǔ adj. long
5. 高乔人 gāoqiáorén n. gaucho

少不了一杯热热的马黛茶。根据现代科学研究，马黛茶是比咖啡和茶更健康、更有营养价值的饮品。喝马黛茶有两大好处——减肥和延缓[6]衰老，这是比钱更让人渴望得到的两样东西！

传统的马黛茶茶具[7]是用葫芦[8]做成的，葫芦上刻着一些花纹[9]，底部是尖的。喝马黛茶的方式有点儿特别，无论是家庭聚会还是朋友聚会，一个茶杯不断地在亲人、朋友间传递[10]。喝没了就续[11]上热水，传给另一个人。这种亲密的喝茶方式联系着家庭成员或朋友

6. 延缓 yánhuǎn v. to postpone

7. 茶具 chájù n. tea set

8. 葫芦 húlu n. gourd, calabash

9. 花纹 huāwén n. decorative pattern

10. 传递 chuándì v. to pass

11. 续 xù v. to refill

之间的感情，把人们团结在一起，也成为高乔人热情友好的象征。

爱喝马黛茶的高乔人与爱喝绿茶的中国人一样，拥有健康的生活。欢迎你来我的家乡品尝马黛茶，结识[12]爱喝马黛茶的高乔人。

12. 结识 jiéshí v. to get to know

练习 Exercises

一 选出正确答案。Choose the right answer.

咖啡和茶大家都很__1__，但知道马黛茶的人不多。就像茶文化是中国传统文化的一__2__，喝马黛茶也是这里的居民__3__至今的文化传统。__4__现代科学研究，马黛茶是比咖啡和茶__5__健康的饮品。

1. A. 熟悉	B. 理解	C. 熟练	D. 知道
2. A. 部分	B. 部位	C. 组成	D. 成分
3. A. 保存	B. 保留	C. 保证	D. 残留
4. A. 根据	B. 根本	C. 因为	D. 由于
5. A. 更	B. 多	C. 倍	D. 较

二 选出正确答案。Choose the right answer.

1. 下面哪种饮品文中没有提到？（　　）

   A. 咖啡　　B. 绿茶　　C. 马黛茶　　D. 啤酒

2. 马黛茶是什么颜色的？（　　）

   A. 绿色　　B. 棕色　　C. 红色　　D. 黑色

3. 高乔人保持健康的一个因素是什么？（　　）

A. 好客　　B. 喝绿茶

C. 喝马黛茶　　D. 锻炼

4. 下面哪项是喝马黛茶的好处？（　　）

A. 能够减肥　　B. 更加富裕

C. 治疗疾病　　D. 结织更多朋友

5. 下面哪项说法不正确？（　　）

A. 马黛茶很健康

B. 马黛茶茶具很特别

C. 喝马黛茶的方式很亲密

D. 只有家人之间才用一个杯喝茶

三 介绍几种你熟悉的饮品，说说它们有什么好处或坏处。

Introduce a few drinks you are familiar with and talk about their advantages and disadvantages.

面朝大海的小岛

The Small Island Facing the Sea

李美芳　泰国宋卡王子大学孔子学院

晚饭后游客们经常做什么？
What do travellers usually do after supper?

10

泰国[1]是一个海滨国家，风景别有一番情趣[2]。其中，我最喜欢的是一个四面环[3]海的小岛，它有一个可爱的名字——皮皮岛。

皮皮岛位于泰国南部，由两个相连的岛组成，两座岛由一条“走廊”接连起来。这条走廊就是皮皮岛最热闹的地方，很多旅店[4]、餐厅、酒

1. 泰国 Tàiguó p.n. Thailand

2. 情趣 qíngqù n. interest

3. 环 huán v. to surround

4. 旅店 lǚdiàn n. hotel

吧、潜水学校、旅行代理和摊贩[5]分布左右。这两个岛之间步行[6]往返只要十分钟，游客[7]们通常住在一座岛上，晚饭后，他们悠闲[8]地迈开步子，哼着歌，顺着走廊到另一座岛上散步，十分惬意[9]。

皮皮岛是一个深受阳光眷顾[10]的地方。你看，在那柔软[11]、洁白[12]的沙滩上，碧蓝[13]、清澈的海面上，鲜花盛开的山顶上，阳光都留下了她的身影[14]。人们随意地坐着、躺着、笑着，享受着阳光沐浴下的皮皮岛。

享受阳光，也要懂得欣赏日落。日落时的皮皮岛安静祥

5. 摊贩 tānfàn n. stall keeper

6. 步行 bùxíng v. to walk

7. 游客 yóukè n. traveller

8. 悠闲 yōuxián adj. leisurely

9. 惬意 qièyì adj. pleased

10. 眷顾 juàngù v. to favor

11. 柔软 róuruǎn adj. soft

12. 洁白 jiébái adj. pure white

13. 碧蓝 bìlán adj. dark blue

14. 身影 shēnyǐng n. person's silhouette, figure

和[15]，海浪拍打[16]着沙滩，恋人[17]们手牵手在沙滩上留下脚印[18]，不时地回头看看太阳是否还在，好像要和她说一声再见。咖啡厅、小酒吧的老板们打扫着屋子，准备迎接晚上的狂欢[19]。一切都那么浪漫。

总之，皮皮岛是一个能让

15. 祥和 xiánghé adj. auspicious and peaceful

16. 拍打 pāidǎ v. to pat

17. 恋人 liànrén n. lover

18. 脚印 jiǎoyìn n. footprint

19. 狂欢 kuánghuān v. revelry

你想一辈子停留[20]的地方，正如我喜欢的一首诗里说的那样——“面朝大海，春暖花开”，我真的很爱皮皮岛。

20. 停留 tíngliú v. to stay

练习 Exercises

一 选出正确答案。Choose the right answer.

皮皮岛是一个充满阳光的地方。__1__，在那沙滩上，在__2__的海面上，在鲜花盛开的山顶上，阳光都留下了她的身影。人们__3__地坐着、躺着、笑着，__4__着阳光__5__下的皮皮岛。

1.	A. 你看	B. 你听	C. 你想	D. 你猜
2.	A. 清澈	B. 清洁	C. 澄清	D. 清晰
3.	A. 随意	B. 随时	C. 随便	D. 方便
4.	A. 感觉	B. 晒	C. 观赏	D. 享受
5.	A. 沐浴	B. 洗浴	C. 晒	D. 照

二 选出正确答案。Choose the right answer.

1. 关于皮皮岛下面哪项说法不正确？（　　）

A. 在泰国　　B. 四面都是海

C. 由两座岛组成　　D. 人很少

2. 下面哪项皮皮岛上没有？（　　）

A. 餐厅　　B. 酒吧

C. 潜水学校　　D. 工厂

3. 在皮皮岛上，游客们可以做什么？（　　）

A. 散步　　B. 欣赏日落

C. 享受阳光　　D. 打扫屋子

4. 下面哪项说法不正确？（　　）

A. 泰国是一个海滨国家

B. 皮皮岛是旅游胜地

C. 两座岛之间无法通行

D. 皮皮岛很漂亮

5. 下面哪项说法不正确？（　　）

A. 游客们晚饭后喜欢在皮皮岛上散步

B. 皮皮岛阳光充沛

C. “我”很喜欢皮皮岛

D. “我”一辈子都会留在皮皮岛

三 介绍一下你们国家的地理环境。

Introduce the geographical environment of your country.